RÉPUBLIQUE FRANÇAISE.

MINISTÈRE DE LA GUERRE.

INSTRUCTION DU 28 DÉCEMBRE 1894

RELATIVE AU PAIEMENT DES

INDEMNITÉS DE ROUTE

LORS

DES GRANDS MOUVEMENTS D'ISOLÉS

1° EN TEMPS DE PAIX;

2° EN CAS DE MOBILISATION.

(Extrait du *Bulletin officiel*, partie réglementaire, année 1895.)

PARIS	LIMOGES
11, Place Saint-André-des-Arts.	46, Nouvelle Route d'Aixe, 46.

Henri CHARLES-LAVAUZELLE

Éditeur militaire.

1895

BULLETIN OFFICIEL

DU

MINISTÈRE DE LA GUERRE.

1894.	PARTIE RÉGLEMENTAIRE.	N° 55.

SOMMAIRE.

DÉCEMBRE 1894.

28. Instruction relative au paiement des indemnités de route lors des grands mouvements d'isolés.

Page.

647

N° 437. *Instruction relative au paiement des indemnités de route lors des grands mouvements d'isolés : 1° en temps de paix; 2° en cas de mobilisation. (5e Direction; Solde et Indemnité de route.)*

Paris, le 28 décembre 1894.

Objet.

La présente instruction, applicable à dater du jour de sa notification, a pour objet de déterminer les règles d'allocation et de paiement des indemnités de route dues aux hommes de la disponibilité, de la réserve de l'armée active et de l'armée territoriale convoqués pour accomplir des périodes d'exercices en temps de paix, ou appelés à l'activité en cas de mobilisation, soit qu'ils doivent rejoindre directement leur corps d'affectation, soit qu'ils doivent se rendre d'abord au bureau de recrutement pour de là être dirigés sur ce corps.

Elle abroge :

1° Les dispositions contenues dans l'instruction du 15 juillet 1878 et le bulletin rectificatif et complémentaire de ladite instruction, la note ministérielle du 3 juin 1890, l'instruction du 7 mai 1891 et la note ministérielle du 21 mai suivant, en ce qui concerne les règles d'allocation et de paiement d'indemnités de route dues aux hommes de troupe pour les appels du temps de paix;

2° Les circulaires ci-après, timbrées « Bureau des Transports et de l'Indemnité de route » :

28 janvier 1887 (n° 245),
7 mars 1887 (n° 49 de la série générale),
10 juin 1887 (n° 61 de la série générale);

3° Les circulaires relatives au service de l'indemnité de route pour le cas de mobilisation parues jusqu'à ce jour sous le timbre du bureau de la solde et de l'indemnité de route;

4° Et, enfin, d'une manière générale, toutes les circulaires, décisions et notes ministérielles relatives au paiement des indemnités de route lors des grands mouvements d'isolés et dont les dispositions sont ou reproduites dans la présente instruction, ou contraires aux principes qui y sont contenus.

APPELS DU TEMPS DE PAIX

I.

PRINCIPES GÉNÉRAUX.

Droit aux allocations.

Art. 1er. Conformément au décret du 29 janvier 1879 et à la circulaire d'envoi de ce décret, les parcours effectués par les réservistes et territoriaux pour répondre à un ordre d'appel sont calculés, savoir :

Pour les hommes en résidence dans la subdivision de région de leur domicile, comme s'ils partaient du chef-lieu de canton auquel appartient la commune où ils résident pour se rendre au lieu de leur destination;

Pour les hommes se trouvant en dehors de la subdivision de région de leur domicile par suite de changement de résidence déclarée, comme s'ils partaient du chef-lieu de la subdivision de région où ils résident et se rendaient au chef-lieu de la subdivision de région dans laquelle est situé le point à rejoindre;

Pour les hommes fixés à l'étranger, comme s'ils partaient du chef-lieu de la subdivision de région dont fait partie la localité près de laquelle ils franchissent la frontière (en suivant l'itinéraire normal) et se rendaient au chef-lieu de la subdivision dans laquelle se trouve le point à rejoindre;

Pour les hommes voyageant à l'étranger, comme s'ils n'avaient pas quitté leur domicile légal ou leur résidence déclarée.

Cas particuliers.

Art. 2. Les hommes en résidence régulière hors de la subdivision de région de Digne qui doivent rejoindre dans cette subdivision de région les lieux de réunion de Tournoux, Colmars et Entrevaux, reçoivent l'indemnité de route calculée depuis le chef-lieu de la subdivision de région où ils résident jusqu'à

Tournoux, Colmars et Entrevaux (note ministérielle du 15 juillet 1881).

Art. 3. Les hommes en résidence régulière hors de la subdivision de région de Perpignan et qui doivent rejoindre, dans cette subdivision, les lieux de réunion de Bellegarde, Fort-les-Bains, Montlouis et Villefranche, reçoivent l'indemnité de route calculée depuis le chef-lieu de la subdivision de région où ils résident jusqu'à leurs lieux de réunion respectifs (note ministérielle du 12 avril 1889).

Art. 4. Les hommes ayant légalement changé de résidence ont droit, pour rejoindre Epinal, à l'indemnité de route depuis le chef-lieu de la subdivision de leur résidence jusqu'à Epinal (note ministérielle du 14 décembre 1889).

Art. 5. Les hommes en résidence légale hors de la subdivision de région de leur domicile, convoqués à Aix, reçoivent l'indemnité de route depuis le chef-lieu de la subdivision de région dans laquelle ils résident jusqu'à destination (note ministérielle du 19 septembre 1892).

Art. 6. L'homme qui, en changeant régulièrement de résidence, n'a pas quitté sa subdivision de région, doit être considéré comme partant du chef-lieu de canton dans lequel se trouve sa nouvelle résidence.

Art. 7. L'homme qui, ayant changé régulièrement de résidence, a fixé cette résidence dans la subdivision de région de son lieu de convocation, n'a pas droit aux frais de route.

Art. 8. Tout homme appelé, partant d'un point autre que son domicile légal ou sa résidence régulière, a droit aux frais de route calculés d'après la situation de ce domicile ou de cette résidence.

Art. 9. L'homme qui se rend à son corps ou au bureau de recrutement, bien que n'étant pas convoqué, reçoit, pour l'aller et le retour, des frais de route décomptés d'après la position de son domicile ou de sa résidence régulière, quand sa bonne foi ne peut être mise en doute.

Art. 10. Les hommes qui se sont vu légitimement refuser le transport au quart du tarif et ont dû, par suite, payer place entière, reçoivent l'indemnité kilométrique de 0 fr. 016 comme s'ils avaient voyagé à prix réduit.

Art. 11. Les réservistes et territoriaux contraints, pour des raisons de force majeure dûment constatées, de passer en route plus d'une journée pour une distance de 360 kilomètres parcourus en chemin de fer, sont payés, par rappel, de l'indemnité journalière d'après le nombre de journées effectivement passées en route.

Art. 12. L'homme qui, pour des motifs de service ou par suite de difficultés de transport, ne peut être dirigé sur son corps le jour même de son arrivée au bureau de recrutement, reçoit une indemnité journalière pour chaque journée de retard obligé, indépendamment des allocations de route que le commandant de recrutement lui aurait payées s'il avait été mis en route immédiatement pour rejoindre sa destination définitive.

Art. 13. L'homme qui, devant rejoindre le bureau de recrutement, s'est rendu directement et sans autorisation spéciale au corps auquel il est affecté ne perd pas, par le fait de cette position irrégulière, son droit à l'indemnité de route.

Cette indemnité lui est payée par rappel au corps, mais il est bien entendu qu'elle est décomptée dans les mêmes conditions que pour les hommes ayant rejoint directement et régulièrement leur corps, sans se préoccuper de l'indemnité qui eût été payée si l'homme était passé par le bureau de recrutement.

Art. 14. Tout homme maintenu à l'hôpital après le renvoi de la classe convoquée pour une période d'instruction a droit, pour rejoindre ses foyers, à des frais de route décomptés dans les mêmes conditions que pour les réservistes et territoriaux qui ont accompli une période d'instruction dans cet hôpital.

II.

RÈGLES D'ALLOCATION.

Décompte des indemnités à l'aller.

Art. 15. Les points extrêmes des parcours étant déterminés comme il a été dit aux articles précédents, les hommes considérés comme n'ayant pas eu à franchir une distance au moins égale à 25 kilomètres, tant sur les routes ordinaires que sur les chemins de fer, n'ont droit à aucune allocation de route.

Art. 16. Pour un trajet égal ou supérieur à 25 kilomètres, les hommes reçoivent, à l'aller :

1° L'indemnité kilométrique pour la portion de trajet parcourue en chemin de fer (l'indemnité kilométrique n'est pas due pour les parcours effectués sur les routes ordinaires);

2° L'indemnité journalière d'après l'itinéraire qui leur confère le droit aux frais de route.

Art. 17. Les hommes qui rejoignent d'abord le chef-lieu de leur subdivision de région, pour être ensuite dirigés en détachement sur le lieu de réunion du corps, ne reçoivent l'indemnité kilométrique que jusqu'à ce chef-lieu, leur transport jusqu'à destination étant ensuite assuré au moyen de bons de chemin de fer.

Décompte des indemnités pour le retour.

Art. 18. Pour le retour, les hommes reçoivent l'indemnité kilométrique sur voies ferrées et l'indemnité journalière, si leur itinéraire comporte un parcours en chemin de fer au moins égal à 37 kilomètres.

L'indemnité journalière seule, si le parcours est au moins égal à 25 kilomètres et inférieur à 37.

Art. 19. Aucun prélèvement ne peut être fait sur l'indemnité de route due pour le retour, quand bien même l'homme aurait été nourri au corps le jour de son départ.

Art. 20. L'homme autorisé à se rendre exceptionnellement dans une localité autre que son domicile légal ou sa résidence déclarée ne peut, en aucun cas, recevoir une indemnité supérieure à celle qui lui serait allouée pour rejoindre ce domicile ou cette résidence.

Taux des indemnités.

Art. 21. Le taux de l'indemnité kilométrique est uniformément fixé à 0 fr. 016, et celui de l'indemnité journalière à 1 fr. 25, quel que soit le grade.

Barèmes d'indemnité de route.

Art. 22. Le calcul des distances kilométriques et le décompte des indemnités kilométrique et journalière s'établissent à l'aide des barèmes d'indemnité de route tenus et mis à jour par les fonctionnaires de l'intendance.

Art. 23. Les commandants de recrutement prennent, auprès du sous-intendant militaire de l'arrondissement administratif, des copies des barèmes d'indemnité de route pour le décompte des indemnités dues aux hommes dont ils doivent assurer la mise en route.

Quant aux barèmes des trésoriers des corps, ils seront, comme par le passé, tenus et mis à jour dans les conditions prévues par la note ministérielle du 19 mars 1893.

Indemnité journalière spéciale.

Art. 24. Les hommes qui, d'après la situation de leur domicile ou de leur résidence, n'ont pas droit aux frais de route pour rejoindre, reçoivent, le jour de leur arrivée au corps, l'indemnité journalière spéciale prévue par l'article 3 du décret du 29 janvier 1879.

Elle n'est jamais due pour le retour.

Cette indemnité, exclusive de toute prestation en deniers et en nature, est uniformément fixée à 1 fr. 25 pour les hommes de troupe de tous grades.

Elle est due aux hommes qui résident au lieu même de leur convocation.

ANNÉE 1894. N° 55.

III.

RÈGLES GÉNÉRALES DE PAIEMENT.

Art. 25. Les allocations de route auxquelles les hommes ont droit leur sont payées par rappel : au corps pour ceux qui rejoignent directement; au bureau de recrutement pour ceux qui sont convoqués à ce bureau.

Art. 26. Par exception à cette règle, l'indemnité de route peut être allouée d'avance à l'homme qui, étant en résidence hors de la subdivision de région de son domicile, déclare au commandant du bureau de recrutement ou au sous-intendant militaire ne pas avoir les ressources nécessaires pour rejoindre.

La somme qui lui est payée, et qui varie selon qu'il a fait ou non les déclarations réglementaires de changement de résidence, est inscrite en petits caractères, à l'encre rouge, par le fonctionnaire de l'intendance ou le commandant de recrutement, selon le cas, sur la feuille spéciale de son livret individuel, dans la partie supérieure de la case réservée au timbre de la gare de départ, ou sur le récépissé du livret.

Avis de ce paiement est donné au corps sur lequel est dirigé l'homme.

Hommes rejoignant directement leur corps.

1° Réservistes.

Art. 27. Les commandants de compagnie, escadron ou batterie établissent en simple expédition, quelques jours avant la convocation, un état nominatif des réservistes qui rejoignent directement le corps et auxquels ils doivent payer les frais de route.

Cet état, conforme au modèle 139 A de la nomenclature des imprimés de la guerre, mais sur lequel les formules relatives à l'arrêté et au mandatement doivent être supprimées, est décompté par le trésorier. Celui-ci dresse, en outre, un bordereau récapitulatif conforme au modèle n° 1 ci-annexé, puis il remet à chaque commandant d'unité l'état nominatif qui le concerne.

Lors de l'appel des réservistes, cet état est totalisé et présenté au trésorier, qui en paie le montant au commandant d'unité sur les fonds généraux de sa caisse.

Les commandants d'unité donnent reçu de ces fonds sur le bordereau récapitulatif.

Le jour de l'arrivée des hommes, les commandants d'unité paient, d'après ces états nominatifs, les indemnités de route dues, et, au fur et à mesure des paiements, inscrivent le mot « payé » en regard du nom de chaque intéressé, de manière à pouvoir relever facilement les sommes disponibles à restituer au trésorier.

Art. 28. Si, pour un motif quelconque, des hommes n'ont pas été compris sur les listes nominatives, leurs droits sont examinés d'urgence, et la somme qui leur revient leur est payée immédiatement.

Art. 29. Les paiements terminés, les commandants d'unité remettent au trésorier :

Les listes nominatives revêtues de la certification des paiements faits ;

Les sommes restées sans emploi.

Le trésorier, après avoir constaté à l'aide des états nominatifs que les sommes restées sans emploi représentent bien la différence entre les sommes remises aux commandants d'unité et celles payées par eux, arrête le bordereau récapitulatif à la somme des paiements réellement effectués, et le montant de ce bordereau fait l'objet, au registre de route, d'une seule inscription mentionnant le nombre d'hommes et le total des paiements.

2º Territoriaux.

Art. 30. En vue d'assurer, sur les fonds généraux de la caisse d'un corps actif, le paiement des indemnités de route aux territoriaux, les majors des corps actifs de rattachement font établir, en simple expédition, par unité territoriale, dès que le Ministre a fait connaître les corps ou fractions de corps qui doivent être convoqués, des états nominatifs conformes au modèle 139 A de la nomenclature, mais sur lesquels les formules relatives à l'arrêté et au mandatement doivent être supprimées.

Ces états sont remis au trésorier du corps actif, qui établit le décompte des indemnités dues aux hommes et dresse un bordereau récapitulatif conforme au modèle nº 1 ci-annexé.

Art. 31. Chaque commandant d'unité territoriale, à son arrivée au corps, reçoit du trésorier :

L'état nominatif qui le concerne ;

Les fonds nécessaires pour le paiement des indemnités dues aux hommes de son unité.

Les commandants d'unité donnent reçu de ces fonds sur le bordereau récapitulatif.

Le jour de l'arrivée des hommes, ils distribuent, d'après les états nominatifs, les indemnités dues à leurs hommes. Ils inscrivent, au fur et à mesure des paiements, le mot « payé » en regard du nom de chaque intéressé.

Art. 32. Les paiements terminés, les commandants d'unité remettent au trésorier :

Les états nominatifs revêtus de la certification des paiements faits;

Les sommes restées sans emploi.

Le trésorier récapitule dans le bordereau récapitulatif les états nominatifs, et le montant de ce bordereau fait l'objet, au registre de route, d'une seule inscription mentionnant le nombre d'hommes et le total des paiements.

Justification de la dépense.

Art. 33. Le trésorier justifie des sommes qu'il a avancées sur les fonds généraux de la caisse du corps, pour le paiement des indemnités de route dues soit aux réservistes, soit aux territoriaux, dans la forme prescrite par l'article 72 *bis* E du règlement modifié du 12 juin 1867.

Réservistes et territoriaux passant par le bureau de recrutement.

Etablissement des listes nominatives.

Art. 34. En vue du paiement des indemnités de route dues aux hommes convoqués et passant par les bureaux de recrutement, les commandants de ces bureaux établissent à l'avance, par corps de troupe ou fraction de corps, des états nominatifs conformes au modèle 139 B de la nomenclature des imprimés de la guerre, mais sur lesquels les formules relatives à l'arrêté et au mandatement doivent être supprimées.

Ces états indiquent, pour chaque homme, les indemnités qui lui sont dues d'après les barèmes d'indemnité de route.

Perception des fonds.

Art. 35. Pour se procurer les fonds nécessaires au paiement des indemnités, le commandant de recrutement prépare deux expéditions d'un bordereau récapitulatif (modèle n° 2 ci-annexé).

Ce bordereau indique, par corps, le montant de chaque liste nominative et la somme totale à mandater.

La veille du jour de l'arrivée des hommes, le commandant du bureau de recrutement adresse au sous-intendant ou à son suppléant un exemplaire dudit bordereau appuyé des listes nominatives.

Le fonctionnaire de l'intendance, après vérification des décomptes et rectification, s'il y a lieu, mandate au titre du bureau de recrutement, et au nom du commandant de ce bureau, le montant du bordereau récapitulatif, et inscrit ce montant sur son registre de route. Puis il restitue au commandant du recrutement le bordereau récapitulatif et les listes nominatives. Cet officier supérieur touche immédiatement le montant du mandat et laisse seulement entre les mains du payeur le bordereau récapitulatif mandaté.

Paiement des indemnités.

Art. 36. A leur arrivée au bureau de recrutement, les hommes sont classés par corps d'après les listes puis formés en détachement.

Pour assurer le paiement des indemnités, le commandant de recrutement, après avoir biffé des listes nominatives les noms des réservistes ou territoriaux qui n'ont pas rejoint et fait le total sur chaque liste des sommes dues aux hommes présents, remet à chaque chef de détachement :

La liste nominative comprenant les hommes de son détachement ;

Le montant des sommes à leur distribuer ;

La feuille de route collective ;

Et, s'il y a lieu, les bons de chemin de fer délivrés par le sous-intendant militaire ou son suppléant.

Le commandant de recrutement établit la liste des hommes qui n'ont pas rejoint.

Le chef de détachement donne reçu de la somme qui lui est remise sur l'exemplaire du bordereau récapitulatif qui doit rester entre les mains du commandant de recrutement.

Puis il distribue aux intéressés, séance tenante et sous la surveillance du commandant de recrutement, les sommes qui leur sont dues jusqu'au jour inclus où ils se sont présentés audit bureau.

Les hommes reçoivent ensuite chaque matin, pendant la route, le montant de leur indemnité journalière (1 fr. 25).

Art. 37. Les dispositions ci-dessus sont applicables aux retardataires qui peuvent être mis en route en nombre suffisant pour voyager en détachement et pour lesquels le commandant a établi une liste.

Art. 38. Les hommes présents à l'appel ou retardataires qui sont mis en route isolément reçoivent du commandant de ce bureau les frais de route auxquels ils ont droit.

Justification des paiements effectués par les chefs de détachement.

Art. 39. Dès son arrivée au corps, chaque chef de détachement justifie des paiements qu'il a effectués auprès du trésorier du corps actif d'affectation ou de rattachement.

Art. 40. A cet effet, il remet au trésorier la liste nominative et, le cas échéant, le montant des indemnités qui n'auraient pu être payées aux hommes par suite de mutations survenues pendant la route.

Art. 41. Les sommes non employées par les chefs de détachement sont immédiatement reversées au trésor à la diligence du trésorier du corps actif qui fait viser le récépissé constatant cette opération par le sous-intendant militaire chargé de la surveillance administrative du corps.

Ce récépissé, accompagné d'une ampliation de l'ordre de reversement, et la liste nominative sont ensuite adressés au commandant du bureau de recrutement de la subdivision de région d'où le détachement est parti. Cet officier conserve cette dernière pièce et remet les deux autres au fonctionnaire de l'intendance chargé de les faire parvenir au Ministre avec la comptabilité des frais de route (5° Direction; 3ᵉ Bureau).

Justification des paiements effectués par les commandants de recrutement.

Art. 42. Le commandant de recrutement justifie auprès du fonctionnaire de l'intendance ordonnateur des paiements effectués par ses soins, au moyen :

1° Des listes nominatives ;
2° De l'exemplaire du bordereau récapitulatif resté entre ses mains.

Art. 43. L'ordonnateur prépare, s'il y a lieu, à l'aide de ces éléments, l'ordre de reversement au Trésor des sommes restées sans emploi.

Dès que le commandant de recrutement a opéré ce reversement, il envoie le récépissé à l'ordonnateur. Celui-ci le transmet, avec le bordereau récapitulatif et les listes nominatives, au fonctionnaire de l'intendance chargé de faire parvenir au Ministre la comptabilité des frais de route (5ᵉ Direction; 3ᵉ Bureau).

Paiement des indemnités pour le retour. — Réservistes et territoriaux.

Art. 44. Avant leur départ, les réservistes et territoriaux reçoivent de leurs commandants d'unités les allocations auxquelles ils ont droit à titre d'indemnité de route pour rentrer dans leurs foyers, domicile ou résidence déclarée.

Art. 45. Les listes sont établies respectivement par chaque commandant d'unité et les paiements s'effectuent conformément aux règles tracées par l'article 72 *bis* D du règlement modifié du 12 juin 1867.

IV.

PAIEMENT DES INDEMNITÉS DE ROUTE AU MOMENT DE LA MOBILISATION.

Hommes de troupe rejoignant directement leur corps d'affectation.

Disponibilité et réserve de l'armée active; hommes de l'armée active absents de leur corps et devant rejoindre en cas de mobilisation.

Etablissement des listes nominatives.

Art. 46. En vue d'assurer rapidement le paiement des indemnités journalières (1) aux hommes de l'armée active des deux catégories ci-dessus désignées et de la réserve de cette armée rejoignant directement leur corps d'affectation au moment d'une mobilisation, les commandants d'unités administratives établissent et tiennent constamment à jour, dès le temps de paix, par classe de mobilisation, et distinctement pour l'unité active et pour l'unité de réserve correspondante, un état nominatif de leurs hommes en simple expédition.

Cet état, conforme au modèle 139 A de la nomenclature, mais sur lequel les formules relatives à l'arrêté et au mandatement doivent être supprimées, est vérifié par le major et décompté, dès le temps de paix, par le trésorier.

A la mobilisation, ces listes sont remises au trésorier.

Mandatement du bordereau récapitulatif.

Art. 47. Le trésorier prépare, en outre, deux exemplaires d'un bordereau récapitulatif (modèle n° 3 ci-annexé).

La mobilisation survenant, le trésorier adresse immédiatement au sous-intendant militaire ou à son suppléant l'une des expéditions du bordereau récapitulatif avec les listes nominatives totalisées à l'appui.

Après vérification et rectification, s'il y a lieu, le fonctionnaire de l'intendance mandate au nom du trésorier le montant du bordereau récapitulatif et inscrit ce montant sur son registre de route.

Puis il restitue au trésorier le bordereau récapitulatif et les listes nominatives.

---

(1) En cas de mobilisation, l'indemnité kilométrique n'est pas allouée, les hommes étant transportés gratuitement sur les voies ferrées.

Année 1894. N° 55.

Le trésorier touche le montant du mandat et laisse seulement entre les mains du payeur le bordereau récapitulatif mandaté.

Celui-ci se fait rembourser de ce bon provisoire dans la forme prescrite par l'article 93 du règlement modifié du 12 juin 1867.

Paiement des indemnités.

Art. 48. Le trésorier remet à chaque commandant d'unité active où d'unité de réserve, avec la liste qui le concerne, le montant des sommes portées sur cette liste. Chaque commandant d'unité donne reçu de ces sommes sur l'exemplaire du bordereau récapitulatif laissé entre les mains du trésorier, et paie, au fur et à mesure de l'arrivée des hommes, les indemnités journalières auxquelles ils ont droit.

Justification des paiements.

Art. 49. Dès que les commandants d'unité ont effectué les paiements, ils restituent au trésorier :

Les listes nominatives ;
Les sommes restées disponibles.

Le trésorier inscrit le montant de ces sommes sur le bordereau récapitulatif émargé par les commandants d'unités, en opère immédiatement le reversement au Trésor sur l'ordre délivré par le sous-intendant, et transmet ensuite le récépissé constatant ce reversement, ainsi que le bordereau récapitulatif appuyé des listes nominatives, au fonctionnaire de l'intendance chargé de le faire parvenir au Ministre (5e Direction ; 3e Bureau).

Territoriaux.

Art. 50. Pour le paiement des indemnités journalières aux hommes de l'armée territoriale rejoignant directement le lieu de mobilisation, les majors des corps actifs de rattachement font établir, dès le temps de paix, pour chaque unité, un état nominatif conforme au modèle 139 A de la nomenclature, qui est décompté par le trésorier du corps actif.

Art. 51. Les règles à suivre pour le mandatement, le paiement et la justification des indemnités sont les mêmes que celles données par les articles 47, 48 et 49.

Art. 52. Les commandants d'unité territoriale paient, comme les commandants d'unité active et d'unité de réserve, les indemnités dues à leurs hommes, au fur et à mesure de leur arrivée.

Hommes passant par le bureau de recrutement.

Art. 53. Les règles à suivre pour le mandatement, le paiement et la justification des indemnités sont les mêmes que celles données par les articles 34 à 43 (temps de paix).

V.

MISE EN ROUTE, A LA MOBILISATION, DES PERSONNELS DES ÉCOLES MILITAIRES.

Emploi des ordres de mouvement rapide.

Art. 54. En vertu de l'article 5 du décret du 18 juillet 1876, des ordres de mouvement rapide sont délivrés, en cas de mobilisation, aux sous-officiers et soldats des diverses écoles militaires pour rentrer à leurs corps respectifs.

Art. 55. Pour les militaires isolés voyageant sans chevaux, il doit être fait usage de l'ordre de mouvement n° 124 de la nomenclature (papier violet). Pour la mise en route d'un ou plusieurs militaires voyageant avec un ou plusieurs chevaux, c'est l'ordre de mouvement n° 123 (papier jaune) qui est employé.

Art. 56. Ces pièces doivent être établies dès le temps de paix.

Art. 57. A cet effet, la date est remplacée par la mention « valable le ᵉ jour de la mobilisation » ; le commandant ou le directeur de l'école y appose sa signature, et cette signature demeure valable alors même que le signataire viendrait à changer. Les noms des destinataires ne sont inscrits qu'au moment du départ de l'école.

Art. 58. Il n'est pas établi d'ordre de mouvement rapide pour les ordonnances voyageant avec leurs officiers, ces ordonnances étant compris sur les ordres de route et bons de chemin de fer annexés à l'ordre de mobilisation individuel (papier rose) dont les officiers sont pourvus.

Art. 59. Pour assurer, avant leur départ de l'école, aux militaires qui y ont droit l'indemnité journalière de route et, s'il y a lieu, l'indemnité de séjour, le conseil d'administration établit, dès le temps de paix, un état nominatif de ces hommes indiquant le lieu de départ et celui de destination, ainsi que les indemnités journalières auxquelles ils pourront prétendre. Ces allocations leur seront payées, au moment de leur départ, sur les fonds généraux de la caisse, et l'établissement se fera rembourser de son avance dans la forme et dans les conditions prévues par les articles 72 *bis* et 72 *bis* E du décret du 19 juin 1888.

Paiement de l'indemnité de route aux réservistes des bataillons de chasseurs à pied qui n'ont, en temps de paix, qu'un conseil d'administration siégeant à la portion principale.

Art. 60. Pour permettre d'effectuer sans retard, et dans tous les cas, la perception des allocations d'indemnité de route qui doivent être payées aux hommes de la réserve des bataillons susdésignés aussitôt après leur arrivée, la portion principale envoie, dès le temps de paix, à l'officier de l'armée active restant au dépôt (officier d'habillement) les listes réglementaires nécessaires pour la perception desdites indemnités.

Art. 61. En outre, et toutes les fois qu'il est utile, cet officier reçoit, par les soins de la portion principale, des états modificatifs permettant de tenir lesdites listes à jour et d'assurer ainsi, en tout temps, d'une manière exacte, la perception et la répartition des indemnités de route acquises aux réservistes.

Art. 62. Le premier jour de la mobilisation, et si le trésorier n'a pu encore rejoindre la portion centrale, l'officier d'habillement remet ces documents à l'officier de réserve chargé d'administrer provisoirement le dépôt. Celui-ci fait, le cas échéant, la perception au trésor du montant des listes préalablement ordonnancées par le sous-intendant militaire.

Militaires absents régulièrement de leur corps et rejoignant au moment
de la mobilisation.

Art. 63. Les hommes de troupe en congé ou en permission au moment de la publication de l'ordre de mobilisation sont admis gratuitement dans les trains sur la présentation de leur titre d'absence. En conséquence, l'indemnité kilométrique sur voies ferrées ne doit pas leur être allouée.

Hommes des services auxiliaires.

Art. 64. Les hommes des services auxiliaires désignés pour assurer, à la mobilisation, les services accessoires de l'armée autres que la conduite des animaux et voitures de réquisition, et affectés, à ce titre, à un corps de troupe, ont droit, suivant le cas, soit à l'indemnité journalière de route, soit à l'indemnité journalière spéciale.

Cette indemnité leur est payée suivant les règles tracées ci-dessus (titre IV) pour les réservistes et les hommes de l'armée territoriale.

Art. 65. Les listes nominatives et les bordereaux récapitulatifs sont établis et tenus à jour, dès le temps de paix, par les corps de troupe d'affectation, de rattachement ou chargés de prendre les hommes en subsistance, et par les bureaux de recrutement.

Hommes chargés de la conduite des animaux et voitures de réquisition.

Art. 66. Ces hommes n'étant pas affectés à un corps de troupe, le droit aux indemnités journalières qui leur sont dues pour rejoindre le lieu de réquisition sera établi, dès le temps de paix, par le commandant du bureau de recrutement, sur la liste nominative des conducteurs qu'il doit joindre au dossier du président de la commission de réquisition. Ce dernier paye, d'après les indications portées sur cette liste, les sommes revenant aux ayants droit dès leur arrivée au lieu de réquisition.

Art. 67. Le président de la commission de réquisition est également chargé de payer aux conducteurs dont il s'agit l'indemnité journalière pour les journées de séjour passées au siège de la commission et pour les journées de voyage effectuées jusqu'au lieu de mobilisation du corps auquel les animaux sont délivrés.

Le président paye aussi les mêmes indemnités aux conducteurs qui ne proviennent pas de la catégorie des services auxiliaires.

Art. 68. Toutes ces indemnités sont payées au moyen des avances de fonds faites, par mandat du sous-intendant militaire, au président de chaque commission, à la requête du commandant du bureau de recrutement (1).

Art. 69. Après avoir pris livraison des chevaux et voitures, les corps destinataires renverront les conducteurs dans leurs foyers ou les dirigeront, s'il y a lieu, sur une autre destination, conformément aux ordres de l'autorité militaire.

Art. 70. Avant leur départ, soit pour rentrer dans leurs foyers, soit pour rejoindre une nouvelle destination, les conducteurs dont il s'agit seront payés, sur les fonds généraux de la caisse du corps auprès duquel ils auront rempli leur mission, des indemnités qui leur seront acquises tant pour les journées de séjour au lieu de livraison que pour les journées qu'ils auront à passer en route. Le corps se fera ensuite rembourser de ses avances dans les conditions déterminées par les articles 72 *bis* et 72 *bis* E du règlement modifié du 12 juin 1867.

Paris, le 28 décembre 1894.

Le Ministre de la guerre,
Signé : A. MERCIER.

---

(1) Ces mandats ne sont pas spéciaux aux paiements à faire aux hommes des services auxiliaires; ils se rapportent à toutes les dépenses incombant aux commissions de réquisition.

° CORPS D'ARMÉE.

DÉPARTEMENT

d

PLACE d

Mois d

RÉSERVE DE L'ARMÉE ACTIVE

ET ARMÉE TERRITORIALE.

INDEMNITÉ DE ROUTE.

MODÈLE N° 1,
annexé à l'instruction
ministérielle du 28
décembre 1894.

(1) Indiquer le régiment
de réserve ou le corps ter-
ritorial.
(2) Indiquer le corps
actif de rattachement chargé du paiement, ou, à dé-
faut, le corps actif désigné
par le commandement.

(1) {

(2) {

*BORDEREAU RÉCAPITULATIF des listes nominatives destinées
au paiement de l'indemnité de route aux hommes de la réserve
de l'armée active et de l'armée territoriale qui ont rejoint directement leur corps.*

DÉSIGNATION DES UNITÉS.	MONTANT de CHAQUE LISTE.	ÉMARGEMENT des COMMANDANTS D'UNITÉ.	MONTANT DES SOMMES PAYÉES par chaque commandant d'unité.

CERTIFIÉ le présent bordereau montant à la somme de

A   , le   189 .

Le Trésorier du (1)

N° d'enregistrement {
au registre de route. {

ᵒ CORPS D'ARMÉE.

—

DÉPARTEMENT

d

—

Mois d

INDEMNITÉ DE ROUTE

———

Bureau de Recrutement d

MODÈLE Nᵒ 2,
annexé à l'instruction
ministérielle du 28
décembre 1894.

BORDEREAU RÉCAPITULATIF *des listes nominatives destinées au paiement de l'indemnité de route aux hommes convoqués pour exercices et qui doivent se présenter au bureau de recrutement d pour être, de là, dirigés sur leur corps.*

DÉSIGNATION DES CORPS.	MONTANT de CHAQUE LISTE.	ÉMARGEMENT DES CHEFS de détachement.	MONTANT DES SOMMES restées disponibles et restituées par les chefs de détachement.	OBSERVATIONS. — Indiquer dans cette colonne la cause du non paiement.

CERTIFIÉ le présent bordereau récapitulatif montant à la somme de

A , le 189 .

Le Commandant du Bureau de recrutement,

Nᵒ d'enregistrement
au registre de route.

MANDAT.

La somme de , formant le montant du présent bordereau récapitulatif, sera payée par M. le Trésorier-Payeur général d à M. commandant de recrutement et sur son acquit.

Délivré à , le 189 .

Le Sous-Intendant militaire,

ANNÉE 1894. Nᵒ 55.

e CORPS D'ARMÉE.

—

DÉPARTEMENT

d

—

PLACE d

—

Mois d

(1) {

(2) {

INDEMNITÉ DE ROUTE

MODÈLE N° 3,
annexé à l'instruction
ministérielle du 28
décembre 1894.

(1) Indiquer le régiment
de réserve ou le corps ter-
ritorial.
(2) Indiquer le corps actif
de rattachement chargé des
paiements, ou, à défaut, le
corps actif désigné par le
commandement.

BORDEREAU RÉCAPITULATIF des listes nominatives destinées au paiement des indemnités journalières aux hommes de la disponibilité, de la réserve de l'armée active et de l'armée territoriale qui ont rejoint directement leur corps à la mobilisation.

DÉSIGNATION DES UNITÉS.	MONTANT de CHAQUE LISTE.	ÉMARGEMENT des COMMANDANS D'UNITÉ.	MONTANT des SOMMES RESTÉES DISPONIBLES et restituées par les commandants d'unité.

CERTIFIÉ le présent bordereau récapitulatif montant à la somme de

A   , le   189   .

Le Trésorier (1)

N° d'enregistrement {
au registre de route. {

MANDAT. { La somme de   formant le
{ montant du présent bordereau récapitulatif, sera payée par M. le
{ Trésorier-Payeur général d   à M. le Trésorier
{ du

Délivré à   , le   189   .

Le Sous-Intendant militaire,

Paris, le 14 janvier 1895.

Collationné : Herbinet.   *Certifié :* F. Prieur.

Paris et Limoges. — Imprimerie militaire Henri Charles-Lavauzelle.